Adelaide

Eine ländliche Erzählung.

Johann Gottfried Seume

Impressum

Autor: Johann Gottfried Seume
Umschlagkonzept: toepferschumann, Berlin

Verlag: tredition GmbH, Hamburg
ISBN: 978-3-8424-1211-8
Printed in Germany

Tucholsky Wagner Zola Scott Sydow Freud Schlegel
Turgenev Wallace Fonatne

Twain Walther von der Vogelweide Fouqué Friedrich II. von Preußen
Weber Freiligrath Frey
Fechner Fichte Weiße Rose von Fallersleben Kant Ernst Richthofen Frommel
Hölderlin
Fehrs Engels Fielding Eichendorff Tacitus Dumas
Faber Flaubert Eliasberg Ebner Eschenbach
Feuerbach Maximilian I. von Habsburg Fock Eliot Zweig
Ewald Vergil
Goethe Elisabeth von Österreich London
Mendelssohn Balzac Shakespeare Dosto ewski Ganghofer
Trackl Stevenson Lichtenberg Rathenau Doyle Gjellerup
Mommsen Tolstoi Hambruch
Thoma Lenz Hanrieder Droste-Hülshoff
Dach Verne von Arnim Hägele Hauff Humboldt
Reuter
Karrillon Garschin Rousseau Hagen Hauptmann Gautier
Damaschke Defoe Hebbel Baudelaire
Descartes
Wolfram von Eschenbach Dickens Schopenhauer Hegel Kussmaul Herder
Bronner Darwin Melville Grimm Jerome Rilke George
Campe Horváth Aristoteles Bebel Proust
Bismarck Vigny Barlach Voltaire Federer Herodot
Gengenbach Heine
Storm Casanova Tersteegen Gilm Grillparzer Georgy
Chamberlain Lessing Langbein Gryphius
Brentano Lafontaine
Strachwitz Claudius Schiller Kralik Iffland Sokrates
Katharina II. von Rußland Bellamy Schilling
Gerstäcker Raabe Gibbon Tschechow
Löns Hesse Hoffmann Gogol Wilde Vulpius
Luther Heym Hofmannsthal Morgenstern Gleim
Roth Klee Hölty Goedicke
Luxemburg Heyse Klopstock Puschkin Homer Kleist
La Roche Horaz Mörike Musil
Machiavelli
Navarra Aurel Musset Kierkegaard Kraft Kraus
Lamprecht Kind Kirchhoff Hugo Moltke
Nestroy Marie de France
Nietzsche Nansen Laotse Ipsen Liebknecht
Marx Lassalle Gorki Klett Ringelnatz
von Ossietzky May Leibniz
vom Stein Lawrence Irving
Petalozzi
Platon Knigge
Sachs Poe Pückler Michelangelo Kock Kafka
Liebermann Korolenko
de Sade Praetorius Mistral Zetkin

Der Verlag tredition aus Hamburg veröffentlicht in der Reihe **TREDITION CLASSICS** Werke aus mehr als zwei Jahrtausenden. Diese waren zu einem Großteil vergriffen oder nur noch antiquarisch erhältlich.

Symbolfigur für **TREDITION CLASSICS** ist Johannes Gutenberg (1400 — 1468), der Erfinder des Buchdrucks mit Metalllettern und der Druckerpresse.

Mit der Buchreihe **TREDITION CLASSICS** verfolgt tredition das Ziel, tausende Klassiker der Weltliteratur verschiedener Sprachen wieder als gedruckte Bücher aufzulegen – und das weltweit!

Die Buchreihe dient zur Bewahrung der Literatur und Förderung der Kultur. Sie trägt so dazu bei, dass viele tausend Werke nicht in Vergessenheit geraten.

Johann Gottfried Seume

Adelaide

Eine ländliche Erzählung.

Silvestrem tenui musam meditamur avena.

Paul Werner war im ganzen Orte
Als reicher und als braver Mann,
Als Mann von Kopf und Herz, auf dessen Worte
Man sich mit Recht verließ, als Mann der besten Sorte,
Von dem der Neid selbst wenig nur ersann,
Und meilenweit umher bekannt.

Sein Haus war groß und voll und seine Pflüge,
Als sähe man des Dorfherrn Züge,
Mit schönen Pferden stolz bespannt;
Und seine Flur war Muster für das Land,
Wo, wenn man sich zur Ernte schickte,
Das schwerste Korn wie Rohr dem Schnitter nickte,
Wo man die meisten Garben band
Und unter Liedern Hand in Hand
Am Schnellsten ging, am Frohsten blickte.
Und wo, wenn nun die Sonn' am Saum des Himmels
stand
Und man die letzte Sichel wetzte,
Und man die letzte Mandel setzte,
Das Erntevolk den schönsten Aberd fand.
Sein Garten stand voll hoher Bäume,
Die seines Vaters Vater zog.
Wo Paul einst in der Kappe flog,
Und Vorrath lag durch alle Zwischenräume,

Wo jeder Ast mit goldner Frucht sich bog,
Als wären hier die Fabelträume,
Die man so oft mit schöner Täuschung log,
Nicht Träume mehr; und um den Rand
Des Gartens zog in langen Strecken
Sich eine Pflanzung Buchenhecken,
Wenn man zum Fest im Frühling Blumen wand,
Die Lauscherinnen zu verstecken.
Hier konnte man die Nachtigallen,
Als wohnte ihrer Lieder Ruhm
In einem eignen Heiligthum,
Am Frühsten und am Spätsten hallen,
In Wettgesängen steigen, fallen
Und in der Gegend rund herum
Das seelenvollste von den Chören
Der Sänger aus dem Haine hören;
Und an dem Abhang hörte man auf Kieseln
Den kleinen, silberhellen Bach,
Der leise nur aus seinem Bette sprach,
Zu dem Concert herüberrieseln,
Und Echo rief den Ton noch leiser nach.
Am Bache zogen Werner's Wiesen
Sich durch das üppig-reiche Thal,
Von dem sich oft ein schönes Ideal
Zu dem Entwurf von Paradiesen
Des Zeichners Seelengriffel stahl.
Und wenn des Lenzes Hauche bliesen
Und magisch Reize ohne Zahl,
So weit man sah, entstehen ließen,
War's jedem Sinn ein Zaubermahl.
Ein Jeder hatte seine Freude,
So lag sein Vieh auf hoher, fetter Weide
In langen Reihen hingestreckt;
Und seine Speicher waren mit Getreide
Bis in die Winkel überdeckt,
Mit altem und mit neuem Korn,
Von welchem oft die Armen nahmen,
Die nie umsonst mit ihrer Bitte kamen;
Und durchaus schien's, als ob sein goldnes Horn,

Wohin man seine Blicke kehrte,
Der Ueberfluß für einen Liebling leerte,
Vom Obstbaum bis zum Hagedorn.
Er war der Matador der Bauern
Der reichen Gegend rund umher,
Und Fleiß und Arbeit ließ bei ihm kein Plätzchen leer;
Und Niemand schlich vor seinen Mauern
Mit Diebesschritten sich vorbei,
Um neidisch hin und her zu lauern,
Und, daß er selbst der Mann nicht sei,
Mit scheelen Augen zu bedauern.
Kein Nachbar sahe Werner's Hufen
Mit schadenfroher Mißgunst an,
Und freudig wurde oft bei seiner Saat gerufen:
»So schön, so schön, als man nur denken kann;
Gott segn' es ihm, dem braven Mann!«
Er war geehrt und war geliebt von Allen,
Weil er ein Freund von Allen war:
Er kam und gab, ließ Keinen fallen
Und half, die Wirtschaft zu bestallen,
Dem armen Freunde durch das Jahr,
Wenn Alles selten, klamm und rar
Und Mangel in der Gegend war.
Kein Bettler ging mit leeren Händen
Je weinend weg von seinen Wänden,
Wenn er gleich oft Verweise gab;
Und war das Brod mehr als gewöhnlich theuer,
So schnitt er desto tiefer ab
Und gab auch wol noch einen Dreier.
Und zu der Kirmes kam zum Feste --
Man kannte schon das gute Haus --
Ein ganzer Schwarm besackter Gäste
Und bat sich freundlich bei dem Schmaus
Vom weggelegten Ueberreste
Auch etwas zu der Kirmes aus.
Paul Werner lachte und befahl
Der alten Muhme, welche schmählte,
Daß es die letzten Tage fehlte,
Die Sache nur ein andermal

Ein Wenig besser zu beachten
Und im Voraus auf allen Fall
Gleich mehr zu backen und zu schlachten.

Bei seinen Festen letzte sich
Des Dorfes orthodoxer Paster,
Ein guter Mann, nur etwas strenger Knaster,
Und immer ernst und richterlich,
Der stets nur Amtsgesichter strich,
Von dessen Munde nie der Fluch der Laster
Und nie das Lob der Tugend mystisch wich.
Doch nahm er, wenn er von dem reichen Manne
Den Sonntag auf der Kanzel sprach,
Den Text so fest nicht nach der Spanne
Und gab etwas vom Nadelöhre nach
Und ließ, trotz ihrem Glück auf Erden,
Auch hie und da noch Reiche selig werden.
Paul Werner sah den strengen Herrn,
Nach Sitt' und Art der guten Alten,
Wo stets die Pfarrer Ordnung halten,
Bei seinen Festen immer gern;
Und wenn zuweilen dann sogar
Der Amtmann Werner's Haus beehrte,
Der Herr Inspector mit ihm war.
Und Jeder froh und weidlich zehrte.
Und man im Zirkel um den Sopha saß
Und schwere Zeitungsblätter las:
Dann spitzte schmunzelnd hie und da
Ob dem Concil der Honoratioren,
Das man vom Hof und von den Thoren
Mit großer Ehrfurcht sitzen sah,
Das Publicum im Dorf die Ohren
Und judicirte, was geschah.

Frau Werner war dann ganz in ihrer Würde
Und lief geschäftig aus und ein,
Befahl und kiff, doch immer sanft und fein,
Und schien des Tages schwerer Bürde
In ihrem Glanz sich kaum bewußt zu sein

Und zählte kaum die Flaschen Wein.
Allein des Hauses Kleinod war,
Der Schmuck, die Krone von dem Feste
Und die Bewunderung der Gäste
War -- Mancher sah sie mit Gefahr --
Des Vaters und der Mutter größte Freude,
Die junge Tochter Adelaide,
Nur siebzehn oder achtzehn Jahr.

Die Horen hatten mit Geschenken
Den kleinen Liebling ausgeschmückt,
Die Grazien, die Herzen einst zu lenken,
Sie in der Wiege angeblickt
Und Reize, wie sie von dem Urbild flossen,
Bezaubernd über sie gegossen:
Und so ward sie an ihrer Hand,
Auch ohne, wie die Städterinnen,
Mit Eifersucht auf Modetand
Und bunten Flitterstaat zu sinnen.
In ihrem netten Dorfgewand,
Wie einst die schönsten Schäferinnen,
Bald aller Blicke Gegenstand
Und selbst der Neid der Modekünstlerinnen,
Weil neben ihr die Kunst verschwand
Und man nur sie noch liebenswürdig fand.
Ihr Ruhm flog längst von Mund zu Mund
Und war weit rund umher den Alten
Und noch weit mehr den Jungen kund.
Und ernstlich wurde Rath gehalten;
Und Mancher lief sich Zeh' und Ferse wund
Und schob den Hut und zog das Tuch in Falten
Und spielte mancherlei Gestalten,
Um Hoffnungen zum guten Glück,
Ein Wörtchen nur, nur einen Blick
Von Adelaiden zu erhalten.
Die ganze Gegend putzte sich,
Dem schönen Mädchen zu gefallen;
Doch Keiner war von ihnen Allen,
Der durch den Schmuck sich ritterlich

Mit seinem Tuch und Silberschnallen
Von ihr ein Lächeln nur erschlich.
»Der Hochmuth plagt sie,« fing man an zu raunen,
»Und ihres Vaters altes Geld;
Darum hat sie so stolze Launen
Und blickt nach Freiern über Feld.
Nur wer mit einem Zug von Braunen
Und Schimmeln ankommt, der erhält
Ein Blickchen Hoffnung, nur vielleicht ein Junker,
Ein schmuckes Fäntchen aus der Stadt
Mit einer goldnen Degenklunker,
Das Worte süß wie Honig hat.
Und so ein großer reicher Prunker,
Fein ausgeschneitelt, schlank und glatt,
Der trifft's vielleicht; ein Menschenkind von Zucker,
So ein verliebter Mondscheingucker,
Der lispelnd spricht und leise lacht
Und Noten singt und Verse macht:
Da sind wir freilich arme Schlucker.«

Nun fing man an zu spioniren,
Wer in der schönen Freierei
Doch endlich der Beglückte sei,
Und lauschte schlau und suchte zu revieren,
Mit solcher Angst, als hätte man dabei
Den ganzen Himmel zu verlieren;
Und Einige von feuriger Natur,
In deren Seele schnell und stark
Die Leidenschaft mit ihrer Flamme fuhr,
Verzehrten sich bis auf das Mark
Und guckten fast vor langem Harren --
Sie waren halbe Narren schon,
Doch wußten sie im Feuer nichts davon --
Aus Liebe sich zu ganzen Narren.
Und wenn es Einer offen wagte
Und bei dem Vater seine Botschaft sagte,
So gab der Alte jederzeit
Mit sanftem Ernst, daß Keiner sich beklagte,
Ganz kurz den kläglichen Bescheid:

»Freund, ich kann wenig bei der Sache,
Kann gar nichts helfen; sie ist frei;
Will sie Dich haben, gut, so mache
Ich keine Schwierigkeit dabei;
Geh nur zum Mädchen, sie ist ja kein Drache!
Wenn sie mir sagt, daß sie gesonnen sei,
Mit Dir vergnügt und froh zu leben,
So will ich Euch gern meinen Segen geben
Und dann die Hochzeit! Aber, Freund, verzeih,
Du kennst mich doch nun schon seit Jahren
Und weißt, das Mädchen ist allein
Mein Glück; und soll mich Gott bewahren,
Daß ich sie sollte zwingen! Nein!
Da müßt' ich ja Tyrann von Vater sein.«
So holten Einige von ihm und ihr sich derbe,
Obgleich sehr nett geflochtne Körbe.
Man sah und sah auf jeden Reiter,
Der schön geputzt von fernen Orten kam
Und seinen Weg nach Werner's Hofe nahm;
Allein die Reiter ritten weiter,
Und Alle zogen still und zahm
Und hatten nur den Vater zum Begleiter,
Und ihre Freierei ging lahm.

Nun spitzten alle Nachbarsweiber,
Wie auf die Märsche der Armee
Die Nation der Zeitungsschreiber,
Den Mund, ob keine weiter seh',
Und zogen scharf die Nasen in die Höh'
Und musterten in kluger Assemblee
Vom Junker bis zum Gänsetreiber.
Ein junges Mädchen, das nun achtzehn Jahr
Und reich und flink und schön und lieblich
Und doch noch ohne Liebschaft war,
Das war den Damen gar nicht üblich
Und also billig sonderbar.
Sie schüttelten beim Flachs und bei den Töpfen
Sehr oft gar weislich mit den Köpfen;
Allein es ward nicht *einer* klar.

Am Ende fiel der gründlichste Verdacht
Der Inquisitionssynode,
Die schier vor Neugier zu zerbersten drohte,
Nach Lauscherei bei Tag und Nacht,
Wo hie und da ein hosenloser Bote
Versteckt Bemerkungen gemacht,
Auf Anton Hell, den schmucksten Wicht
Auf sieben Meilen in die Runde.
Mit jeder Stunde zeigte sich mehr Licht,
Und bald war man auf sicherm Grunde.
Nun staunten sie mit offnem Munde,
Daß sie den Wald vor lauter Bäumen dicht
Vor ihrer eignen Nase nicht
Gesehen hatten; so natürlich geht
Der Faden, wenn der Knaul sich dreht.

Sie hatten Recht. Freund Anton, welcher sich,
Als ob er kaum ein Mädchen sehen könnte,
Vom Tanze wie ein Küster schlich,
Trug, wenn er einsam durch die Fluren strich,
So heiß, als ob es links zu Kohlen brennte,
Das schöne Mädchen ernst und stumm
Im Herzen längst mit sich herum,
Wie er als Bube Adelaidchen
Einst auf dem Arme trug im Flügelkleidchen.
Er war einst wie ein Sausewind
Um ihre Wiege hergesprungen
Und hatte, wenn sie schrie, das liebe Kind
Gewaltig in den Schlaf gesungen,
Und keiner Seele war es so geschwind,
Die Kleine froh zu sehn, gelungen,
Als der Frau Marthe wildem Jungen.
Das niedliche Gesichtchen lachte mit
Und ward gleich noch einmal so heiter,
Sobald der kleine Bärenhäuter
Ihr seine Capriolen schnitt.
Er war ihr ewiger Begleiter,
Als sie zuerst am Kappzaum lief,
Und führte sie im Kinderwagen weiter

Und guckte freundlich, ob sie schlief.
Der Vater hatte seine Freude,
Wenn er die kleine Adelaide
So fröhlich mit dem Buben sah.
Bei ihm geschah ihr sicher nichts zu Leide;
Er war bis an den Abend da,
Und ganze Stunden waren Beide
Am Thor, im Garten ganz allein,
Und nie fiel es der Kleinen ein,
Bei Anton nur einmal zu schrein.
Er führte sie alsdann zur Schule
Und trug die Bücher hin und her
Und auch sie selbst, ward ihr der Weg zu schwer,
Und schnitt ihr jede Federspule
Mit größtem Fleiß, als wäre er
Zum Unterricht im Schreiben und im Lesen
Für sie allein der Mann gewesen.
Dafür ließ Werner nie ihn leer
Nach Hause zu Frau Marthen gehen
Und machte billig überall
Sich's mehr zur Pflicht, auf jeden Fall
Der armen Wittwe beizustehen.
Oft fand sie, wenn sie kam, die Steuern
Im großen Buch schon ausgethan;
Oft kam bei ungewöhnlich theuern
Und harten Preisen Wintervorrath an;
Und wenn ihr Anton für die Kleider,
Die er von Wernern mitgebracht,
Bezahlen wollte, sprach der Schneider,
Er habe längst nicht mehr daran gedacht.
Die Sache sei schon abgemacht.
Stets war das Schulgeld abgetragen,
Wenn sie mit Angst zum Cantor ging
Und fragen wollte; und ihr Sohn empfing
Noch im Latein und Orgelschlagen
Vom Consistoriumsgesicht
Des weisen Bakel's Unterricht.
Sie hörte dankbar Anton's Lob,
Mit dem Herr Bakel in der Freude

Des Lehrerstolzes alle Beide,
Den Schüler und sich selbst, erhob
Und schmunzelnd sprach, der brave Bube
Sei nun die Krone seiner Stube.

Auch ging Herr Bakel damit um,
Den Jungen in die Stadt zu schicken
Und ihn wo möglich zum Gymnasium
Mit seiner Weisheit auszuspicken;
Doch Anton blieb bei diesem Vorschlag stumm,
Der Bube wußte wohl, warum,
Und ließ gar keine Lust zum Magisterium,
Wozu man ihm die Hoffnung vorhielt, blicken.

Er blieb also, die Schulzeit war nun um,
Zu Hause bei der guten Mutter
Und hackte Holz und fuhr das Futter
Und flocht den Zaun ums kleine Haus herum
Und kam nun mit Bescheidenheit,
Sah man ihn gleich beständig gerne,
Zu Wernern nur von Zeit zu Zeit
Und sah das Mädchen meistens nur von ferne.
Wenn seine Arbeit fertig war.
Saß er sehr oft wie in der Klause
Bei einem Buch allein zu Hause;
Im Dorfe ward man selten ihn gewahr,
Und nur in seinem Gärtchen fand
Man ihn fast immer, wo er Bäume putzte
Und seine Rosenstöcke band
Und seine kleine Laube stutzte
Und seinen Wein um das Geländer wand.

Der Knabe wuchs mit jedem Jahr
Zum schönen Jüngling auf und glühte
An Farbe wie die Pfirsichblüthe,
Ward groß und stark und kühn und war,
Wie ihrem Vater Adelaide,
Der Mutter Marthe Trost und Freude.

Das kleine, niedliche Geschöpfchen
War nun auch funfzehn Sommer alt
Und reizender und schöner von Gestalt
Als ehmals mit dem Engelsköpfchen;
Und sähe sie selbst der Erfinder
Der Schachmaschine in dem härtsten Winter,
Er bliebe nicht bei ihrem Anblick kalt.
Das Mädchen schien den wilden Knaben,
Der nun ein schlanker Jüngling war,
In dessen krausem Lockenhaar,
Jetzt voll wie Wald und schwarz wie Raben,
Sie einst mit kleiner Hand gespielt,
Mit frohem Lustgeschrei gewühlt,
Im Herzen noch, und heißer lieb zu haben;
Ihn, der, wenn einst der Regen schlug,
An seiner Brust rasch durch den Sturm sie trug,
Der ihr die schönsten Rosen brachte
Und für die Kleine selbst einmal
Mit viel Gefahr, als sie nur Miene machte,
Des Nachbars Lambertsnüsse stahl
Und immer nur auf ihr Vergnügen dachte.

Mit ängstlicher Verschlossenheit
Schlich Anton, einst so froh und munter,
Den Berg hinauf, den Berg hinunter,
Verträumte manche Stunde Zeit,
Kam selten Werner's Hause nah
Und wußte nicht, wie ihm geschah,
Wenn er auch nur die alte Muhme sah.
Auch Adelaide war bei seinem Anblick scheu,
Fand sie sich gleich gar mächtig hingezogen,
Und etwas Altes ward dem Mädchen neu;
Sie wußte selbst nicht, was es sei,
Und wäre gern zu ihm geflogen
Und ging dann doch wie kalt vorbei
Und ward ihm täglich doch dabei
Noch etwas mehr als nur gewogen.

Wenn Mädchen sechzehn Jahre zählen,
So werden sie schon selber klug. --
Auch ohne Lehrerin betrug,
Obgleich das Herz, als wäre sie beim Stehlen
Schon halb ertappt und müßte schlau verhehlen,
Gewaltig an das Mieder schlug,
Sich Adelaide fein genug,
Daß Niemand in dem Hause wußte,
Was, wie sie glaubte, Niemand wissen mußte.
»Der arme Anton«, dachte sie,
»Und hätt' er auch die schönsten Augen
Im ganzen Lande, wird doch nie
Als Freier für den Vater taugen!«
Und dennoch hatte sie den Muth,
Obgleich ihr Blut dann ängstlich rollte,
Daß, wär' er ihr nur halb so gut
Als sie ihm, sie ihn haben wollte,
Und wenn sie auch auf diese Zeit,
Bis sich die Andern satt gefreit,
Noch sieben Jahre warten sollte.

Auch dies dacht' Anton und noch mehr,
Und, als ein guter, armer Teufel
Beständig nur voll übertriebner Zweifel,
Zu seiner Pein noch zehnmal ängstlicher.
Und sah er nur von ungefähr
Im Dorfe einen fremden Schimmel,
So wogt' es in ihm wie ein Meer,
Als raubt' ihm schon ein Räuber seinen Himmel,
Und Alles ward ihm rund umher,
Wie ganz natürlich, wüst und leer.

Die Mutter Marthe sah am Ende,
So sehr sich Anton Mühe gab,
Daß Niemand es aus seiner Seele fände,
Dem Jungen doch bald sein Geheimniß ab
Und rieth bald, wie die Sache stände,
Litt mütterlich mit ihm und schwieg
Und faßte freundlich seine Hände

Und fragte oft, wie er sich denn befände.
Doch als sein Schmerz, sein Ernst nun höher stieg,
Ermahnte sie mit frommem Herzen
Und manchem Spruche, da für ihn doch nun
Nicht Hoffnung sei, sein Möglichstes zu thur.
Und seine Neigung zu verschmerzen;
Man werde über ihn nur scherzen
Und bitter spotten, wenn man seh',
Daß Anton Hell dem ganzen reichen Haufen
Der Freier kühn den Vorrang abzulaufen,
Der arme Mensch, sich untersteh'.
Der Sohn versprach, sein Möglichstes zu thun,
Und konnte drum nicht besser ruhn.
Die stumme Angst trieb oft ihn auf und nieder
Und hin und her, und wie im Traum
Zerschnitt er seinen besten Baum,
Und Schrecken fuhr ihm durch die Glieder,
Als er es sah, und dennoch schnitt er wieder;
Und wenn man rief, so hört' er kaum
Und murmelte vor sich die alten Lieder,
Die er einst in dem Lindengang
Der kleinen Adelaide sang.
Oft wollt' er ihr die schönste Rose geben,
Wie er sie ehmals ihr gebracht,
Doch hatt' er kaum den ersten Schritt gemach:,
So hielt ihn ein geheimes Beben
Am Boden fest; er konnte nicht
Die Füße von der Stelle heben.
Fast machte ihn sein Schmerz zum Bösewicht;
Er wünschte, daß das Haus des Vaters brennte,
Damit nur er dann sie aus hoher Gluth
Mit seiner Liebe Heldenmuth
Erretten oder sterben könnte.

Das Mädchen war nicht besser dran
Und hörte von den vielen Freiern --
Und jeder war ein stattlicher Galan
Und klimperte mit keinen Dreiern --
Die alten Melodieen leiern,

Die sie so oft schon abgethan
Und weggeschickt zu haben meinte;
Dann setzte sie sich ganz allein
Mit Kummer in ihr Kämmerlein
Und dachte traurig nach und weinte.
Die Mutter sprach ihr öfters ein,
Sich doch nicht gar zu sehr zu schämen
Und Einen von der Zahl zu nehmen,
Sie wären ja doch Alle fein;
Die Andern würden dann sich wol bequemen
Und nach und nach zufrieden sein.
»Und wenn mein mütterlicher Rath«,
So sagte sie mit vielem Schmeicheln
Und wiederholtem Backenstreicheln,
»Bei Dir etwas zu sagen hat,
So nimmst Du, Kind, wie ich schon oft Dich bat,
Den Pachterssohn, der seit zwei Jahren
Dir überall ist nachgefahren.
Sein Vater ist ein reicher, reicher Mann
An Capitalen und am Baaren,
Daß man es kaum berechnen kann,
Was er besaß und noch dazu gewann.
Bedenke, wenn man das Vermögen
Von Dir und ihm zusammenthut,
So giebt es bald ein Rittergut;
Und er ist jung und auch ein gutes Blut:
Was hättest Du nun wol dagegen?«

Die Arme hüllte das Gesicht
Ins Tuch wie vor dem Criminalgericht
Und schluchzte laut, da sie nichts weiter wagte,
Weil doch die Mutter sie so freundlich plagte,
Bis Werner selber kam und sagte:
»Weib, quäle mir das Mädchen nicht!
Es leuchtet ja noch manche Sonne;
Die ist noch jung, laß Dir nicht bange sein,
Gewiß, sie wird Dir keine Nonne!
Es zieht noch mancher Freier ein,
Um sie und um ihr Geld zu frein.

Sei ruhig, Kind! wir werden Dich nicht zwingen.
Du bist uns lieb! wenn Du nur glücklich bist,
So ist es gleichviel, wie es ist;
Du wirst Dich selbst schon in die Haube bringen,
Und ich will bei der Hochzeit singen.«
Mit Rührung und mit heißem Danke hing
Sie wechselseitig nun an Beiden;
Und Beide hielten Adelaiden,
Die hierher still und dorthin ging,
Mit sanftem, lieblichem Geschwätze,
Als wäre sie des Hauses Götze.
Fast hätte sie ihr ganzes Herz entdeckt,
Als ihr der Vater sanft die Wangen
Liebkosend strich; doch wurde sie von bangen
Beängstigungen abgeschreckt.

Mit Wehmuth schlich sie sich in einem Traume,
Den, wenn der Lenz die Fluren säumt,
Die Jugend oft so schön und gerne träumt,
Im Garten zu dem Apfelbaume
Mit aufgeworfner Rasenbank.
Sie war so muthlos und so traurig,
Der Abend, der so eben niedersank,
War ihr so einsam und so schaurig,
Daß mit nur halb erklärtem Sehnen,
Mit dem ihr ganzes Wesen rang,
In großen, heißen, hellen Thränen
Die Wehmuth ihr ins Auge drang,
Da sanft, als wollte sie die Schmerzen mischen,
Die Nachtigall aus den Gebüschen
Ihr ihre Abendklage sang.
Das Mädchen sog mit leisen Ohren
Des Liedes süßen Zauber auf
Und lauschte, still darin verloren,
Als würde ihr in des Gesanges Lauf
Ein neues Wesen jetzt geboren:
Da zitterte ein Lautenklang
Tief aus der Nacht der Buchenhecke
Herüber von des Gartens Ecke

Und durch den dunkeln Lindengang;
Und eine Silberstimme hauchte,
Als ob ein Geist sich in die Lüfte tauchte,
Sanft seelenschmelzenden Gesang.
Mit Beben hielt sich Adelaide
An ihren Apfelbaum gelehnt
Und furchtsam nach der Richtung hin gedehnt,
In einer Gluth von Schreck und Freude,
Als sie ein Ton, an den sie sonst gewöhnt,
Nach dem sie sich so oft gesehnt,
Als ob er sie in Paradiese führte.
Mit einem neuen Zauber rührte.
Sie nahte sich mit leisem, leisem Tritt
Und froher Angst dem dunkeln Orte
Und hörte des Gesanges Worte,
Und jeder Pulsschlag sang sie stärker mit.
Es hallte sanft nur in der Laube nach.
Was flüsternd der versteckte Sänger --
Und bänger ward es ihr und bänger --
In seine Saiten sprach:

> »Schönes Mädchen, höre mich,
> Herz und Wahrheit spricht:
> Zürne nicht, ich liebe Dich!
> Heißer liebt man nicht.
> Angst droht mir die Brust zu brechen,
> Zürne nicht, ich mußte sprechen!
> Schönes Mädchen, höre mich!
> Herz und Wahrheit spricht.

> »Deine Augen blickten mir
> Jüngst des Himmels Glück;
> Meine Seele ging mit Dir
> Und kommt nicht zurück.
> Wie im jungen Morgenlichte
> Glänzt Dir Unschuld vom Gesichts.
> Deine Augen blickten mir
> Jüngst des Himmels Glück.

»Ohne Schönheit blüht die Flur,
Wo ich Dich nicht seh';
Einsam trauernd such' ich nur
Dich, wohin ich geh';
Hätte Dich mein Herz gefunden,
Wären Tage Viertelstunden.
Ohne Schönheit blüht die Flur.
Wo ich Dich nicht seh'.

»Trugs bin ich mir unbewußt;
Geh und prüfe mich!
Treue wohnt in meiner Brust
Unveränderlich.
Glaube mir, ich unterschriebe
Meinen Tod um Deine Liebe.
Trugs bin ich mir unbewußt;
Geh und prüfe mich!

»Rührt Dich meine Zärtlichkeit,
Gieb mir Deine Hand!
Und auf Zeit und Ewigkeit
Knüpft sich unser Band.
Wirst Du freundlich mir gewähren,
Wird die Erde sich verklären.
Rührt Dich meine Zärtlichkeit,
Gieb mir Deine Hand!«

Mit Beben war sie näher hingekommen
Und hatte bange und entzückt
Den Athem schwer zurückgedrückt
Und jeden Hauch des Sängers ganz vernommen
Und rief, von tiefer Angst beklommen,
Als kaum der letzte Ton verflog:
»Bist Du es, Anton?« Anton warf vor Freude
Die Saiten weg, rief: »Adelaide!«
Und augenblicklich waren Beide
Beisammen, und der Jüngling bog
Sich mit Gewalt durch die geflochtnen Buchen,
Die Stimme näher aufzusuchen,

Die sich ihm lieblich näher zog.
Und als das Mädchen in der Abendröthe,
Die ihren Zauberreiz erhöhte,
Beschämt ihm gegenüberstand
Und nur in abgebrochner Rede
Ihr Herz zu ihm herüberwehte,
Und sie ihm zitternd ihre Hand
Wie aus dem Klostergitter streckte,
Und er die Hand mit Küssen deckte:
Da kamen in dem Augenblick
Die schönen Kinderjahre wieder
Und jene frohe Zeit zurück,
Wo er einst alle seine Lieder,
Oft Stunden, oft wohl Tage lang,
Der kleinen Adelaide sang;
Wo sie zu ihrer Mutter eilte
Und Alles, was sie da bekam,
Mit kindischer Begierde nahm
Und eilig es mit Anton theilte.
In ihrer Seele war Getümmel;
Allein ihr war so wohl, so wohl dabei,
Als ginge stracks aus ihrem Einerlei
Der Weg gerade nun zum Himmel.

Freund Anton ließ die alte Laute liegen,
Ihm tönte süßer hier ein neuer Ton,
Und hatte, halb nur mit Erlaubniß, schon
Den Zaun des Gartens überstiegen,
Um schnell in ihren Arm zu fliegen,
Wo sie nun nach so langer, langer Zeit
Mit seliger Vertraulichkeit
Sich innig an einander schmiegen
Und mit der Liebe Heimlichkeit
In neue Paradiese wiegen.
Wer Seele hat, vermag es zu empfinden,
Was eine solche Stunde sei,
Weiß, wie im Flüstern stiller Tändelei
Dann pfeilschnell die Minuten schwinden,
Als wär' es Feenzauberei;

Und keine Grazie pflückt eine Rose
Für stumpfe kalte Seelenlose.

Die Gegend, die in ihrem Schleier
Rund um sie herum tiefer schwieg,
Der Abendstern, der schon in stiller Feier
Am Himmel immer höher stieg,
Die Thüren, die im Hofe knarrten,
Die Eltern, die nunmehr vermuthlich harrten,
Erinnerten die Leutchen, es sei heut
Nun doch auch wol zum Abschied Zeit;
Und Adelaide schlich sich durch den Garten,
Voll von der Zukunft schönem Glück,
Ihn morgen wieder zu erwarten,
In ihres Vaters Haus zurück.
So weit er durfte, ging er mit
Und schickte nun mit einem Kusse
Sie ihrer Wohnung zu und lief mit leisem Fuße,
Als wäre Hochverrath in jedem Tritt
Und Feuer unter seinen Sohlen,
Die alte Laute abzuholen,
Und schnitt sodann die schönsten Capriolen,
Die je ein Faun am Schlauche schnitt,
Und ging und wachte wie ein Schäfer.
Der Kummer und die Freude macht,
Daß man beschäftigt manche Nacht,
Obgleich im Geist, sehr, sehr verschieden wacht;
Verliebte sind nicht Siebenschläfer.

So wurde denn, wie es sich nun versteht,
Da man doch wußte, was man wollte,
Und stimmte, wie man stimmen sollte,
Recht pünktlich, wie die Runde geht,
Nach Brauch und Sitte in der alten
Und neuen Welt, den Abend Rath gehalten;
Nicht etwa mit sehr vieler Gravität
Und zu viel weisen Stirnenfalten,
Doch desto mehr mit aller Lieblichkeit
Die seinen Kindern nicht vergebens

Der blumenreiche Lenz des Lebens
Zum herrlichsten Genusse leiht:
Mit langen, wiederholten, süßen
Betheurungen von Zärtlichkeit,
Den bündigsten von allen guten Schlüssen
In einem so bestellten Rath
Um, wenn zuvor man klug gesprochen hat,
Sodann die Pausen wegzuküssen.

Wenn Anton ängstlich übersann,
Welch eine Menge Schwierigkeiten
Noch ihrem Glück von allen Seiten
Entgegenständen, schalt sie dann
Ihn scherzend einen feigen Mann;
Er solle nur von ihr sich lassen leiten;
Was er denn fürchte, wenn er ihrer Treu'
Und ihres Muths versichert sei?
»Kommt Zeit, kommt Rath,« sprach sie;»man muß
Sich nur nicht lassen niederschlagen;
Wir kennen uns und müssen nun es wagen;
Wer wagt, gewinnt;« und hier bewies ein Kuß --
Wen überzeugt nicht so ein Schluß? --
Den Philosophen möcht' ich sehen,
Ist seine Seele nicht von Eis,
Der dem Beweis will widerstehen
Und nach ihm noch etwas von Zweifeln weiß!
»Mein Vater«, sprach sie,»ist ja kein Tyrann;
Er liebt mich, will mich glücklich sehen
Und ist auch Dir von Kindheit an
Noch gut. Nur Muth, es wird schon gehen!
Die Mutter wird zwar Schwierigkeiten drehen,
Allein was sie nicht ändern kann,
Läßt sie doch endlich auch geschehen.
Du bist gewiß, das weiß ich schon,
Wie jetzt auch einst ein guter Sohn,
Und ich muß doch vor allen Dingen
Nächst dem, daß mir der Mann gefällt,
Der Herz und Hand von mir erhält.
Auch meinen Eltern Freude bringen;

Und dazu wüßt' ich auf der Welt
Wol keinen Bessern aufzusingen
Als Anton Hell.« Was Anton sprach,
Was er voll Dank und heißer Liebe
Dem Mädchen angelobte, schriebe
Nur Wieland's Seelengriffel nach.

So lispelten sie nun im Düstern
Und Hellen oft, bald hier, bald da,
Wo Heimlichkeit ein Augenblickchen sah.
Allein bald fing man an zu flüstern
Und zu errathen, was geschah,
Und eben dieses war die Periode,
Wo nach gewöhnlicher Methode
Das weibliche Synedrion
Die Sache zu behandeln drohte.
Die Botschaft lief im Dorfe schon
Durch manche volle Spinnestube,
Daß der versteckte, stille Bube,
Frau Marthens einst so wilder Sohn,
Der arme Kauz mit kaum sechs blinden Dreiern,
Trotz allen großen reichen Freiern
Bei Adelaidchen herrlich steh',
Und daß man sie recht oft vertraulich.
Sanft, freundlich, zärtlich und erbaulich
Im Lindengang beisammen seh'.

Durch die gewöhnlichen Instanzen
Von Muhme, Magd und Nachbarin
Kam mit Verschlimmerung des Ganzen,
Verbrämt und fein besetzt mit Franken,
Das Stück der lieben Heuchlerin
Bald vor des alten Werner's Ohr.
Paul Werner schob den Hut empor
Und runzelte und rieb die Stirne
Und brachte nicht ein Wort hervor.
Als juckt' es ihm gewaltig im Gehirne.
»Da haben wir die Wetterdirne!«
Sprach er zuletzt zu seiner Frau

Mit etwas grämlicher Geberde;
»Nun, liebe Kunigunde, schau,
Daß nur der Streich nicht schlimmer werde!«
Frau Kunigunde hatte Lust,
Mit strenger Zucht Gericht zu halten,
Und warf sich zornig in die Brust;
Doch Paul beschwichtigte den Zorn der Alten,
Zog seine Stirn in tiefre Falten
Und rief mit einem ernsten Ton:
»Weib, sei mir nur nicht gleich in Flammen!
Ich kenne Euer Wesen schon,
Ihr wollt nur poltern und verdammen.
Es ist doch wol noch kein Verbrechen,
Mit einem jungen Kerl zu sprechen.
Sei glimpflich und sei mütterlich!
Du bringst mit guter, sanfter Weise
Die Sache besser ins Geleise;
Bedenke das, ich bitte Dich!«
Und damit schlich er einsam sich
Zur Thür hinaus, die Drescher auszuschmählen.
»Ich helfe«, sprach er, »gern in Noth
Und gebe Geld und gebe Korn zu Brod;
Nun soll man mir die Tenne noch bestehlen!
Ich jage, wie ich schon gedroht,
Geschieht es noch einmal, der Dieb ist nun heraus,
Den schlechten Kerl zum Thor hinaus!«

Nun ging er fort und sah im Gehen,
Da er doch sonst, so oft er kam,
Recht freundlich sprach und freundlich Abschied
nahm,
Das Mädchen kaum an dem Geländer stehen.
Das Herzchen schlug ihr; traurig, stumm und zahm
Stand sie und merkte, was geschehen,
Und schlich dann eben nicht in Ruh'
Sich langsam scheu der Stubenthüre zu.

Die Mutter hatte sich nunmehr
Etwas der Herzensangst entledigt

Und wandelte mit Sprüchen schwer
Zu einer weisen Sittenpredigt
Mit Sirachsblick vom Hofe her.
Am Fenster stand mit Furcht und Zagen
Das arme Mädchen wie ein Candidat
Vor dem Gericht im Kirchenrath
Und wagt' es nicht, die Augen aufzuschlagen.
Als nun im richterlichen Staat
Mit hohem Ernst an Stirn und Munde
Die liebe Mutter Kunigunde
Zur Untersuchung näher trat.
Sie machte dreimal feierlich die Runde
Und hielt im Katechismuston
Wol eine halbe Viertelstunde
Mit Feuer ihren Kraftsermon,
Als wäre Adelaide schon
In des Verderbens offnem Schlunde.
Sie sprach von Mädchensittsamkeit
Und von Gehorsam und von Tugend
Und von dem Flattergeist der Jugend
Und schnöder Unbesonnenheit,
Und wie man jetzt zu dieser Zeit
Beim Glück auf alle Lebensjahre
So fürchterlich gedankenlos verfahre.
Als handle man, indem man freit.
Nur um ein Stückchen Modewaare.
»Du glaubest, daß er Dich nur liebt,
Weil er mit seiner süßen Rede
Dir heilig die Versichrung giebt;
Dergleichen Singsang höret Jede,
Die Flatterhafte wie die Spröde;
Wenn Ihr Euch das doch ins Gedächtniß schriebt!
Das ist die Schnurre von dem Rädchen
Bei uns in Dörfern wie in Städtchen;
Du bist zu jung, zu unerfahren, Kind,
Und weißt nicht, wie die Menschen sind;
Man meint das Geld und nennt das Mädchen;
Du bist verliebt und also blind.«
»Ihr solltet doch wol Anton kennen,«

Sprach Adelaide sanft und schwieg,
Weil glühend Roth ihr durch die Wange stieg,
Daß sie gewagt, ihn nur zu nennen.
»Ich weiß es,« fuhr sie schüchtern fort,
»Ich weiß es, daß --«»Ei was!« fiel Kunigunde
Der schönen Sprecherin ins Wort;
»Du weißt jetzt eben, welche Stunde
Die Glocke schlägt, weißt eben jetzt,
Wo sich die alte Henne setzt;
Du bist in Allem auf dem Grunde!«
Rief sie erzürnten Angesichts:
»Wenn man verliebt ist, weiß man nichts.«

Als hätte sie zu dem Behuf
Dreimal das ganze Weisheitswesen
Von Salomo und Sirach durchgelesen,
Epanorthotisch den Beruf,
Zu welchem die Natur sie schuf,
Mit Ernst und Strenge zu verwesen,
Goß sie nun eifrig wie aus Meeren
In langen Sprüchen die Moral,
Das gute Mädchen zu belehren
Und sie wo möglich zu bekehren;
Indeß die Sünderin mit Herzensqual
Kaum einen Blick vom Boden stahl
Und ruhig stand, die Predigt anzuhören,
Doch ohne durch die weisen Lehren,
So ketzerisch war nun ihr Herz einmal,
Zur Besserung sich zu bekehren.

Der Vater zog indessen durch die Flur
Und ruminirte die Geschichte
Und brummte grämlich aus C dur
Und sahe sie in dem und jenem Lichte
Und sann auf eine gute Cur;
Allein so klug er immer nur
Die Sache nahm, er konnte mit dem Wichte,
Der vor ihm auf und nieder fuhr,
Nicht fertig werden im Gerichte.

Er stand und ging und ging und stand,
Als ob er alle Furchen zählte
Und einen Strich von Ackerland
Zu etwas ganz Besonderm wählte
Und sich mit dem Entwurfe quälte;
Da kam gemächlich an der Saaten Rand
Gevatter Korn, der Schulze, hergeschlichen
Und faßte freundlich seine Hand
Und fragte, da er ihn so mürrisch fand,
Warum er denn so öd' umhergestrichen,
Worauf er wie ein Griesgram hier
So einsam sinn', als wäre schier
Der gute Geist von ihm gewichen.
Paul Werner rieb sich seinen Grillensitz
Und murmelte in kurzen Brocken
Ihm die Geschichte nur ganz trocken
Und sagte, daß er seinen Witz
Nun schon zwei ärgerliche Stunden
Verdrießlich auf- und abgewunden
Und doch kein Mittel aufgefunden.
Der Schulze sah den Nachbar an,
Bedachte sich nur einige Secunden
Und sprach ganz ehrlich: »Nun, daran
Kann ich denn noch kein Unglück sehen;
Ihr schweigt und laßt die Sache gehen,
Und damit ist sie abgethan.«
»So? denkt Ihr?« platzte Paul heraus,
Dem es nicht recht zu Kopfe wollte,
Daß er so ruhig bleiben sollte;
»Der Kerl ist arm wie eine Kirchenmans,
Das Ding wird mir verteufelt kraus;
Ich wollte, daß -- Es ist mir warm! --«
»Nun, freilich ja, ja wohl, der Mensch ist arm,«
Sprach Nachbar Korn; »das macht ihn doch nicht
schlechter.
Das Mädchen hat nun vor dem ganzen Schwarm
Der reichen und der stolzen Pächter
Ihn, ihn nur lieb. Seht mir den jungen Mann
Doch nur etwas genauer an!

Was fehlt ihm? Er hat kein Vermögen.
Bei Euch ist ja des Himmels Segen
Im ganzen Haus, und Adelaide kann,
Das mag sie selbst wohl überlegen,
Für Euch und sich Euch keinen bessern Mann,
Bedenkt Euch nur, aus mehrern Gründen
In unsrer ganzen Gegend finden.«
»So? glaubt Ihr das?« versetzte Paul;
»Ich kann die Gründe nicht recht fassen
Und will mich gern belehren lassen!«
Und hängte vor Verdruß das Maul.

Der Schulze ließ dadurch sich gar nicht stören
Und faßte ruhig wieder Wort
Und schlenderte gemach mit Wernern fort;
Und Werner schien in allen Ehren
Des Nachbars Weisheit anzuhören.

»Daß ich gerecht und billig bin,
Das werdet Ihr mir zugestehen,«
Sprach Korn; »denn Ihr habt wol gesehen
Auch meinen Jungen nach dem Mädchen gehen;
Und überlegt Ihr's her und hin,
So müßt Ihr doch, bei meiner Ehre,
Begreifen, daß mir's lieber wäre,
Zum Schwiegersohn Euch eher ihn
Als einen Andern vorzuschlagen.
Allein das Mädchen hat dabei
Doch stets das große Wort zu sagen;
Sie will nun nicht, und sie ist frei,
Hat Allen, die sich angetragen,
Recht ziemlich ohne Ziererei
Mit sehr vernehmlicher Verneinung
Und deutlich ihre Willensmeinung
Bekannt gemacht. Ihr selber wollt
Und könnt sie billig auch nicht zwingen;
Ihr liebt sie doch wol mehr als Euer Gold
Und wünscht und hofft vor allen Dingen,
Sie nur vergnügt und froh zu sehn;
Der Himmel lass' Euch Euern Wunsch gelingen!

Und so er will, so wird's geschehn.
Der Anton Hell ist, wie Ihr wißt,
Ein Bursche, welcher Keinem weichet,
Dem mancher andre Kauz wol kaum das Wasser rei-
chet;
Was Ihr allein an ihm vermißt,
Das Geld, und daß er dieser Frist
Noch nach der Stadt zu Fuße schleichet,
Das ist doch, lieber Paul, verzeiht,
Wol eine wahre Kleinigkeit.
Auf Euch kommt's an, Ihr dürft ihm nur bedeuten;
Sobald Ihr wollt, so wird er reiten.
Er ist ein Bursche wie ein Daus
Und schreitet wie ein Abgesandter
Und singt und orgelt unsern Kanter
Wol zehnmal aus dem Chor heraus
Und ist mit dem Latein bekannter
Als mancher Wirth mit seinem Haus;
Hat Euch von dem gelehrten Wesen
Die Menge Zeugs, und zwar mit Kopf gelesen,
So daß es ein Vergnügen ist,
Wenn er uns oft die Zeitung liest;
Da kennt er alle die Philister,
Die auf dem ganzen Blatte stehn,
Und weiß genau, woher, wohin sie gehn;
Kein Kanzelist schreibt besser die Register;
Er geigt und pfeift und leiert schön
Und spricht gelehrt wie ein Magister,
Kann dreimal sich auf einem Beine drehn
Und ist bescheiden wie ein Küster.
Was er Euch angreift, hält er richtig;
Und Der kommt nicht mehr, welchem seine Faust
Nur einmal um das Ohr gesaust;
Denn wo er hinschlägt, schlägt er tüchtig,
Und seine Seelenehrlichkeit
Versichert' ich mit Hab' und Gute,
So fest sitzt ihm Rechtschaffenheit
Noch von dem Vater in dem Blute.«
»Nun ja doch,« sprach mit etwas Uebelmuthe

Der Nachbar Paul, »ich habe ja so weit
Nichts gegen ihn; nur --«»So?«nahm Korn das Wort;
»Nur hat er, Euch zu überlisten,
Nicht so viel große volle Kisten
Als jener reiche Pinsel dort.
Hört, lieber Nachbar, was ich sage!
Ihr seht, ich habe nichts dabei
Und sage meine Meinung frei;
Es gilt das Glück auf Eure alten Tage
Und Eures Kindes Glück und Plage:
Nimmt sie Euch Einen von den Reichen,
So zieht der reiche Schwiegersohn
Mit seiner jungen Frau davon,
Und einsam müßt Ihr ohne Kinder schleichen;
Und könnt Ihr Euch mit ihm vergleichen,
Daß sie bei Euch im Hause bleibt
Und er mit Euch die Wirtschaft treibt,
So ist er Herr, und Ihr müßt weichen;
Und wenn Ihr nicht, wie er will, schreibt,
So habt Ihr dann für Euer Geld zum Dank
In Euerm Alter Streit und Zank.
Wird Anton Euer Schwiegersohn,
Wer ist dann froher als das Mädchen?
Sie lieben sich, und da geht Alles schon
Den Leutchen wie am seidnen Fädchen,
Der arme Bursche wird durch Euch,
Durch Euch allein beglückt und reich;
Das macht ihn dankbar; dankbar war der Bube,
Das wißt Ihr selbst, von Jugend auf.
Er hält sodann den besten Platz der Stube
Für Euch bereit und springt in vollem Lauf,
Das wißt Ihr, nach dem Stiefelknechte,
Kommt Ihr des Nachts vom Feld zurück.
Setzt die Pantoffeln Euch zurechte
Und reicht Euch freundlich Stück vor Stück,
Was Eure Jahre nöthig haben,
Um Euch mit Fried' und Ruh' zu laben.
Der gute Bursche polstert Euch
Den Armstuhl noch einmal so weich,

Ist rasch und flink auf Euern Hufen
Und schenket von dem besten Wein
Am Ersten stets und froh dem Vater ein
Und ist schon da, wenn Ihr ihm kaum gerufen.
Wie groß wird dann die Freude sein,
Wenn Ihr mit jedem Tage sehet,
Wie herrlich Alles vorwärts gehet
Und Alle sich mit Euch und durch Euch freun!
Wenn Euer Kind, das Euch so theuer ist,
Mit einem Mann, den sie sich selbst gewählet,
Euch dankt und Euch das Glück erzählet
Und froh bei Euch ihr Glück genießt,
Was kann Euch das in Euerm Leben,
Wenn Ihr nur wollt, für Freude geben!
Ein solcher Sohn lauscht nicht nach jenen Tagen
Und rechnet nicht die Stunden aus,
Wo sie uns in das kleine Haus
Mit Sang und Klang zur Ruhe tragen.«

Paul Werner ward mit jedem Schritte heiter
Und drückte seines Nachbars Hand,
Als wär' er ihm als guter Geist gesandt,
Und ging mit guter Laune weiter.

»Die Sache war vorauszusehn;
Mich wundert nur, daß Ihr nichts wußtet,«
Sprach Nachbar Korn, »und erst erfahren mußtet,
Wie hierin die Aspecten stehn.
Es konnte gar nicht anders kommen;
Und wäre ja ein Unglück, Lieber, dann
Wärt Ihr wol selber Schuld daran.
Die Sache hat den alten Gang genommen.
Bedenkt nur, wie Ihr sie erzogen,
Und wie Ihr selbst vor aller Welt
Den kleinen wilden Springinsfeld
Einst väterlich versorgtet: Beide sogen
Da unvermerkt die Neigung ein.
Es würde wahrlich grausam sein,
Sie nun, da sie, einander so gewogen,

Das Band so fest zusammenzogen,
Aus ihrem Glück herauszudräun!
Wir Nachbarn, die wir besser sehen
Als Ihr im eignen Hause, sahn
Geraume Zeit schon, wie die Sachen stehen;
Und dachtet Ihr denn nicht daran,
Als sie die Freier weiter schickte,
Daß etwas in dem Hinterhalte nickte?
Bedenkt, der Jung' ist in der Nähe;
Der alte Adam läßt sich nun
Einmal nicht zwingen, was ist da zu thun?
Wenn nun was Menschliches geschähe?
Und wenn es Euch denn auch durch Strenge
Und ernstes hartes Hausgericht
Und durch Autorität gelänge.
Daß sich das Mädchen jetzt Euch zu gehorchen zwän-
ge,
Erinnert Euch, was unser Sprichwort spricht:
Die alte Liebe rostet nicht!
Ich rede mit Euch wie ein Freund;
Thut, was Ihr wollt, ich hab' es gut gemeint.«

Vertraulich dankt' ihm Nachbar Werner
Und wandelte, so ziemlich nun in Ruh',
Durch seine hohen Saaten ferner
Und allgemach dem Dorfe wieder zu.
Als er dem Garten näher war,
Kam ihm ganz still die Sünderin entgegen,
Sanft wie die Sonne nach dem Regen,
Und trat zu ihm wie in dem sechsten Jahr,
Sich schmeichelnd an ihn anzulegen,
Nahm seine Hand und streichelte sein Haar
Und wandelte mit leisem Tritte,
Als käme sie mit einer Bitte.
Der Vater sah sie freundlich an,
Verkürzte mit ihr seine Schritte
Und brachte nichts von Vorwurf auf die Bahn:
Da war die Fehde abgethan.
Und in dem Hause ging es stille

Und gütlich her; die Mutter, welche scharf
Sonst wol zuweilen manche Pille
Zu schlucken gab, war wieder sanft und warf
Kein böses Wort dem Mädchen zu.
Vertraulich sang die Ofengrille,
Und Alles schien in recht erwünschter Ruh'.

Das Werk war doch nun angefangen,
Und Adelaide hoffte nun,
Es werde sich schon weiter thun,
Und war natürlich voll Verlangen --
Wer war' es nicht in ihren Schuh'n? --
Dem Freunde, was und wie es hergegangen.
In stiller Heimlichkeit zu sagen.
Das aber ging in diesen Tagen
So leicht nicht an; jedoch sie stahl
So bald als möglich sich einmal
Ganz still davon und rapportirte treulich,
Zu großer Lindrung seiner Qual,
Wie ängstlich, aber wie erfreulich,
So meinte sie, die Freierei
Doch endlich nun begonnen sei.
Wer liebt und hofft, der wird begreifen,
Was eine solche Botschaft thut.
Da klopft das Herz, da tanzt das Blut,
Und auch die kleinsten Pulse streifen
In einer neuen Lebensgluth;
Der Schnitter, dem die Saaten reifen,
Ist kaum in halb so frohem Muth;
Kaum halb so schön ist dann ein Fürstenhut
Als der Geliebten bunte Schleifen.
Freund Anton konnte nicht genug
Das Mädchen an das Herz sich drücken.
Das hoch und heiß und ehrlich schlug,
Und sah mit jedem Athemzug
Die schöne Zukunft näher rücken,
Als käme sie mit Adlerflug
Und zeigte schon sich seinen Blicken;
Und jetzo schon war er beglückt genug.

Die Stunden, die sie Beide stahlen --
Und daß sie dieses oft gethan.
Nimmt Jeder unbewiesen an --
Verschwatzten sie, die Zukunft auszumalen,
Die sie schon gegenwärtig sahn;
Und, wie man sagt, die Liebe malt
Weit besser als der beste von den Malern,
Dem die Kritik mit harten Thalern
Die kalte Zeichnerei bezahlt.
So strichen Tage, strichen Wochen
Und Monde hin, und Vieles ward,
Nach hergebrachter guter Art,
Mit manchem Kuß getändelt und gesprochen
Und viel gebaut und abgebrochen
Von Ostern bis zu Himmelfahrt,
Entwurf gemacht, Entwurf geändert
Und manche Dämmerung verschlendert;
Dann überließ man sehr gescheit
Bei lieblichen Versicherungen,
Versprechen von Beständigkeit
Und zärtlichen Betheuerungen
Dem guten Glück sich und der Zeit.
Der Vater Paul und Kunigunde schwiegen
Und merkten's oder merkten's nicht
Und ließen die Geschichte liegen;
Doch Marthe, die schon etwas besser Licht
Davon bekam, sah mit Vergnügen
Die Sache sich allmählich fügen
Und deutete der Nachbarin Bericht
Und Anton's ruhiges Betragen
Mit mütterlichem Wohlbehagen.

So stand es, als, eh man es sich versah,
Wol nicht, um schnell auf diesen Wegen
Für Anton Hell die Sache beizulegen,
Ein sehr fataler Streich geschah,
Der unsern jungen Mann beinah
Von seiner Liebe Blumenbette
In jene Welt getragen hätte.

Was stiftet nicht die Eifersucht
Zumal in einer solchen Wette?
Die Furie macht auf der Flucht
Vor dem Altar die Betenden verrucht.

Es lauschten von der Garnison
Die Nacht ein Trupp mit langen Säbeln,
Um unversehns Frau Marthens Sohn
Zur Reise nach der Stadt zu knebeln
Und auf der Wache dem Patron
Das flüsternde verliebte Schnäbeln
Vielleicht am andern Morgen schon
Mit Rechtsum-kehrt-Euch zu verwürzen
Und ihm mit kriegerischem Ton
Die langen Stunden zu verkürzen.
Auf einmal, als der Schäfer sich
Recht leise durch die Hopfenstangen
Auf seinen Liebesposten schlich,
Schoß wie die Brut der Klapperschlangen
Der Trupp mit klirrendem Gewehr
Schnell über den Adonis her.
Schnell wie der Blitz hatt' Anton sich besonnen
Und wußte, was die Botschaft war,
Und hatte zur Bestehung der Gefahr
Stracks einen Knotenpfahl gewonnen
Und schlug, wie nun der Kampf begonnen,
Mit Riesenkraft auf Tod und Leben drein,
Auf Kopf und Rumpf und Arm und Bein,
Und focht wie Ajax gegen die Barbaren
Und fing wie Stentor an zu schrein,
Da sie ihm überlegen waren.
Fast fünf Minuten dauerte die Schlacht,
Wo Anton Hell mit Löwenmuthe,
Verwundet schon und überströmt von Blute,
Mit letzter, angestrengter Macht
Sich mit den Straßenrändern schlug,
Als Hilfe kam und die Panduren
Mit manchem Fluch noch zeitig klug genug,

Doch wohl zerbläut von dannen fuhren
Und wüthend ihm doch die Muskete schwuren.

Ein Haufe guter Nachbarn trug
Den armen Anton wie ein Leichenzug
Halb todt davon zu Mutter Marthe,
Die ängstlich, was der Lärm wol meinen könnte, harrte.
Nur eine Mutter kann es sagen,
Welch ein Entsetzen sie empfand,
Als sich der Zug ihr näher wand
Und sie den Sohn daher getragen
In Blut und ohne Leben sah
Und halb entseelt kaum hörte, was geschah;
Allein des Mädchens Todesschrecken
Malt keine Sprache, da sie kam
Und unter Angst von allen Ecken
Die Trauerpost vernahm.
Kaum konnte sie sich an die Mutter strecken,
Und leblos sank sie auf den Grund,
Und todtenbleich und kalt war Wang' und Mund
Und nichts vermochte sie zu wecken.
Der Vater und die Mutter decken
Mit Küssen jammernd sie und flehn
Den ganzen Haushalt an, dem Liebling beizustehn.
Doch nach und nach, nachdem man Rock und Mieder
Ihr leicht gemacht, mit Wasser sie besprengt
Und stark gerieben, fängt sie wieder
Zu athmen an, und neues Leben fängt
Ihr allgemach durch alle Glieder
Zu schlagen an, und Alles drängt
Sich froh um sie. »Ach, Gott im Himmel!« stieß
Sie seufzend aus, und konnte kaum es sagen,
»Ach Gott, sie haben ganz gewiß
Ihn meinetwegen todt geschlagen!«
Und sank aufs Neu' mit Leichenblick
In ihrer Mutter Arm zurück.
»Kind! nein, er lebt! sei ruhig, Kind!«
Rief Vater Paul; »er wird verbunden;

Sei ruhig nur! er hat nur wenig Wunden,
Die auch nicht sehr gefährlich sind.«

»Kind, fasse Muth, und halte Dich in Ruh'!«
Sprach zärtlich nach der Mütter Weise
Mit einem Kusse, flüsternd leise
Ihr Mutter Kunigunde zu.
»Ihr sollt Euch haben, Kinder! Du
Mußt jetzt nur still und ruhig sein.
Recht ruhig! Es ist nicht gefährlich;
Er wird gesund, ist gut und brav und ehrlich.
Gewiß, der Vater willigt ein.«
Das kaum erwachte Mädchen schmiegte
Sich glühend an die Mutter an,
Die ängstlich sich zu ihr herüber biegte
Und sie in ihrem Arme wiegte;
Und kein Adept und kein Arcan
Hätt' eiliger mehr Wunder hier gethan
Als in dem leidenden Gemüthe
Der Mutter unverhoffte Güte.

Der Vater ging und sahe selber nach
Und hörte, was nach dem Verbinden
Von des Verwundeten Befinden
Der Aesculap des Dorfes sprach.
Der arme, gute, junge Kranke
Empfand kaum seinen eignen Schmerz;
Bei Adelaiden war sein Herz,
Bei ihr sein einziger Gedanke.
Er stützte sich auf seines Lagers Planke
Und lag verschlossen, ernst und stumm
Und sahe nichts um sich herum;
Da trat mit freundlichem Gesichte
Paul Werner hin und faßte seine Hand
Bedauerte die traurige Geschichte
Und untersuchte den Verband
Und sagte Marthen, die er weinend fand,
Gefahr, glaub' er, sei nicht dabei;
Zu Hause hab' er schon befohlen,

Den Doctor aus der Stadt zu holen,
Nach dem ein Knecht nun schon geritten sei;
Die allerbeste Arzenei
Sei jetzo Ruh' und guter Muth;
Da werd' es schon mit Anton's gutem Blut,
Sprach er mit tröstlichen Geberden,
Und hoffentlich bald besser werden.
»Ach Gott,« sprach Anton, »wäre das allein,«
Und Röthe war dem armen Wichte
Stracks in dem blassen Angesichte,
»Und weiter nichts, dann möcht' es sein!«
»Nun ja,« sprach Paul, »ich habe wohl gehört,
Was Eure Herzen sonst beschwert;
Nur Ruh', es wird sich Alles geben.
Ruh', sag' ich, ist Dein Glück Dir werth!
Eh man was thun kann, muß man leben;
Auf einmal läßt sich ja nicht Alles heben.«

Die Hoffnung und die Freude heilt
Weit besser als ein Balsampflaster,
Mit welchem ein gelehrter Knaster
Die Wunden zu verbinden eilt;
Und Anton ward in zwei Secunden
Durch diese Seelenarzenei
Mehr guten Muths und schmerzenfrei,
Als hätte täglich seine Wunden
Ein Vierteljahr die Facultät verbunden.
Der Doctor kam in wenig Stunden
Und fand, wenn nur der Kranke ruhig sei,
Auf Ehre nicht Gefahr dabei.

Die Nacht verschwand, und Adelaide,
Die diese schreckenvolle Nacht
In Angst und Qualen durchgewacht,
Schlich unbemerkt im Morgenkleide
Durch das vom Thau beperlte Gras
Sich zitternd fort zur Mutter Marthe,
Die still vor Anton's Lager saß,
Am Morgenlicht den Morgensegen las

Und auf des Sohns Erwachen harrte.
Die gute Mutter Marthe Hell
Schlug, als die Stubenthüre knarrte,
Den Cubach zu und legt' ihn schnell
Mit froher Hast aufs Bettgestell,
Als sie das Mädchen kommen sah,
Und eilete zu dem Empfange
Und stand vor Freude nun beinah
So ängstlich da und fast so bange
Als vor Entsetzen gestern, da
Ganz todtenbleich in Blut vom Lindengange
Sie ihren Anton bringen sah.
»Was macht er?« flüsterte mit leiser
Gebrochner Stimm' ihr Adelaide zu,
Und ihre Wange glühte heißer,
Als ob sie ein Verbrechen thu'.
»Ich hoff', er schläft in guter Ruh',«
Sprach seine Mutter, und sie schlichen Beide,
Die gute Frau und Adelaide,
Auf ihren Zeh'n der Lagerstätte zu.
Wie ein Gesicht des Himmels sahe
Der arme, kaum erwachte Mann
Das Mädchen beim Erwachen an,
Das wie ein Engel ihm ganz nahe
Mit zitternd ausgestreckter Hand
Vor seinem trunknen Auge stand.
»Ach, Adelaide, Adelaide!«
Rief er ihr zu, und hohe Freude
War ihm im Aug', und Adelaide fand
Sich unwillkürlich an dem Rand
Des Bettes in den Arm des jungen
Geliebten Mannes eingeschlungen,
Der neu gestärkt empor sich wand.

Mit einer hellen Freudenthräne
Stand Marthe vor der schönen Scene
Und wollte reden, wollt' um Ruh'
Den sehr bewegten Kranken bitten,
Da kam mit leisen, leisen Tritten

Auch Kunigunde hergeschritten
Und wandelt' auf die Scene zu.
Der Arme sinkt, noch sehr entkräftet,
Zurück zum Pfühl, still steht das Mädchen da.
Indem auf sie und ihn der Mutter Blick sich heftet,
Die still den Auftritt übersah
Unb dann mit Güte sprach:»Nun ja,
Ich sehe wohl, bei so bewandten Sachen,
Und wie es mit Euch Beiden steht,
Ist doch nun weiter nichts zu machen,
Als daß Ihr bald, sobald es geht,
Dem Hochzeittag entgegenseht.«
Der Kranke, den die Freude schier
Den Augenblick davongetragen,
Gewann nun Ruh' genug, um ihr
Recht herzlich ehrlich Dank zu sagen
Und Alles, was das Wohlbehagen,
Der Aussicht in ein Paradies
Den Glücklichen im Geiste sehen ließ,
Die Gegenwart von künft'gen Tagen,
So schön und lieblich vorzutragen,
Daß Kunigunde selbst sich nunmehr glücklich pries
Zu einem solchen Schwiegersohne,
Den sie vor Kurzem noch mit Hohne
Beim ersten Worte von sich wies.

Freund Anton konnte schon mit Laune
Erzählen von der letzten Nacht,
Vom Angriff an dem Gartenzaune,
Mit dem er sich den Rücken frei gemacht,
Und den Verlauf der ganzen Schlacht,
Und daß er mit dem Knotenpfahl,
Da er nun Alles mußte wagen,
Das Nasenbein dem großen Korporal
Und wol noch eins entzweigeschlagen,
Und daß die Nachbarn eben noch
Zu rechter Zeit herbeigeschossen.
Sonst hätte das Gefecht sich doch
Wol nur mit seinem Tod geschlossen;

Denn so viel sei gewiß, beim Leben
Hätt' er sich ihnen nicht ergeben.
Mit bangen Athemzügen hing
Das Mädchen ganz an des Erzählers Munde,
Von dem sie jedes Wörtchen fing,
Als ihre Mutter Kunigunde,
Die hin und her im kleinen Zimmer ging,
Bemerkte, daß schon mehr als eine Stunde
Verstrichen sei, daß sie beisammen wären,
Und es sei doch wol nöthig nun,
Damit auch Marthe könne ruhn,
Gemächlich wieder heimzukehren.

So endigte sich das Quartett,
Und Anton saß nach dem Verlauf der Sache
Wie in des Himmels Vorgemache
Auf seinem kleinen Krankenbett;
Und täglich ward es mit ihm besser
Mit jedem freundlichen Billet
Von Adelaiden, und sein Muth ward größer.
Und wenn sie selbst verstohlen kam
Und ihren Meister in die Lehre nahm,
Könnt' im Gefühl von Wohlbefinden,
Als säß' er an dem Apfelbaum,
Der schnell Genesende sich kaum
Zurückzubleiben überwinden.

Durchs ganze Dorf und in der Gegend war
Nach diesem Ausgang der Geschichte
Im tausendzüngigen Gerüchte
Die Wernerin mit Anton nun ein Paar,
Und Alles gab mit lauschendem Gesichte
Den Sonntag Achtung, hell und klar
Die Sache nun in allen Ehren
Auch von dem Kanzelmann zu hören.

Als Anton wieder vor der Hütte
An seinem Lieblingsbaume saß
Und nur zerstreut in Gellert's Fabeln las

Und mit den Augen alle Schritte
Nach Adelaidens Wohnung maß
Und Vater Paul mit weiser Sitte
Des Töchterchens ganz stumme Bitte
Ganz still geflissentlich vergaß,
Der Meinung, daß, wenn die Beschwerde
Nicht länger zu ertragen sei,
Sie etwas lauter sprechen werde:
Da hing mit sanfter Schmeichelei
Das Mädchen an des Vaters Nacken
Und strich ihm zitternd Haar und Backen
Und flüsterte mit einem Kuß dabei
So leise, daß nur ihre Nöthe,
Die plötzlich sich zur Gluth erhöhte,
Dem Vater die Erklärung gab.
»Was willst Du?« sprach er; »Mädchen, rede!«
Und bog sich sanft zu ihr herab.
Sie drückte fester seine Hand
Und konnte kaum drei Wörtchen sprechen,
Die aber Paul sehr gut verstand.
»Ich sehe wohl, das Herzchen will Dir brechen,«
Sprach er recht väterlich zu ihr,
Sich an der Heuchlerin zu rächen;
»Das Alles gilt gewiß nicht mir.
Ich höre, Mädchen, Du hast Dir
Ganz still den Mann so gut als schon genommen;
Was ist zu thun? Ich muß mich hier
Schon geben: nicht? Nun gut, so laß ihn kommen!«
Sie sah den Vater glänzend an
Und fiel ihm, von Gefühl beklommen,
Mit Augen, die wie aus dem Himmel sahn,
In einem Freudenocean,
Stracks heftig um den Hals und lief
Zur Thür hinaus, hinaus zum Thore,
Wo sie des Horchers leisem Ohre
Mit vollem Tone »Anton! Anton!« rief.
Und Anton stand sogleich bescheiden.
Eh es der Alte sich versah.
Hereingeführt von Adelaiden,

Als Candidat zum Himmel da
Und flog, da Werner freundlich nickte,
Mit ihr zu ihm und küßte seine Hand
Und faßte Beide, sie und ihn, und drückte
Sie hoch entzückt an sich und blickte,
Indem er fest sich zwischen Beide wand.
Mit Feuer auf und sprach: »Mein Leben
Will ich nun gern, gern für Euch Alle geben!« --
»Das sollst Du auch, mein lieber Sohn,
Das sollst Du,« sagte Paul erfreulich
Mit einem scherzhaft sanften Ton;
»Nur nicht so blutig mehr wie neulich.
Seid glücklich, Kinder, und ich bin es schon;
Seid brav und gut und liebt Euch treulich!
Du weißt, was mir das Mädchen ist;
Nimm sie mit meinem ganzen Segen!
Nun ist mir's lieb so: bleib nur, wie Du bist!
Ich habe nichts, nichts mehr dagegen
Und will mich gern zu Grabe legen,
Wenn nur mein Kind recht glücklich ist.«
Das Auge ward ihm heiß und naß, und Beide
Im schönen kindlichen Verein
An seinem Halse, schlugen ein,
Ihm immer seines Lebens Freude
Und seines Alters Trost zu sein.
»Das seid mir, Kinder! denkt, ich kann auf Erden
Nun nur durch Euch noch glücklich werden,«
Sprach er mit Ruh'; »und nun zum Schluß
Muß ich doch wol zum Pfarrer wandeln
Und über Eure Hochzeit handeln;
Was meinet Ihr dazu? und muß,
Steht's nun einmal auf diesem Fuß,
Doch allgemach, was in dergleichen Fällen
Noch zu bestellen ist, bestellen.
Nun, Mädchen, wirst Du wieder roth?
Du warst doch sonst wol nicht so sehr verlegen;
Besorge selbst das Aufgebot!
Ich sage Dir, ich habe nichts dagegen.«
Sie schmiegte schamhaft an den Alten

Sich hoch erröthend an und sprach,
Das könn' er, wie er wolle, halten,
Und jeder Puls schlug höher nach;
Doch wünschte sie, er möchte nun,
Um Alles noch gehörig einzutheilen
Und Manches erst noch abzuthun.
Zu sehr nicht mit dem Pfarrer eilen;
Sie sei nun glücklich, wolle schon
Ein Jahr noch mit der Hochzeit warten.
»So, so!« sprach Paul mit schnellem Ton
Und blickte skeptisch in den Garten
Zum Apfelbaum mit einem Amtsgesicht;
»Du willst es wol, ich aber nicht.«

Die Nachbarn wußten nun, woran
Sie waren, und nach Gutbefinden
Fing Jeder Lob und Tadel an,
Aus diesen oder jenen Gründen,
Nachdem sie durch die Brille sahn.
Und Anton Hell, das Passionsgesicht,
Der Orgeltrommler, wie man ihn
Vor Kurzem nur noch hieß, erschien
Auf einmal nun in einem andern Licht
Und war ein Kerl von Ansehn und Gewicht.
Der alte Werner ging nun stolz
Mit dem erklärten Schwiegersohne
Oft Hand in Hand durch Feld und Holz
Und zeigt' in väterlichem Tone
Ihm auf dem Felde jeden Rain
Und in dem Walde jeden Stein
Und jedes Eichbaums hohe Krone;
Und Adelaide schlich nicht mehr,
Ihn nur zu sehn, verstohlen hin und her.
Sie wandelten bei Tage Beide
Vertraulich durch den Lindengang,
Und rechts und links zog oft mit Freude
Und oft wol auch mit Scheelsucht und mit Neide
Das junge Volk sich an des Hügels Hang
Neugierig hin, indeß in sich versunken,

Von Gegenwart und Zukunft trunken,
Allein für sich das junge, schöne Paar
Blind für die ganze Gegend war.

Freund Anton schlug am Gartengitter,
Nun ohne Furcht, verscheucht zu sein,
So lieblich wie Romanzenritter
Auf seiner neu gestimmten Zither
Sein schönstes Lied in Lunens Silberschein
Und sang mit Silberton darein;
Begleitete mit seiner Flöte
Die Nachtigall im Glanz der Abendröthe,
Bis Adelaide lauschend kam
Und dem Concert ein Ende machte,
Den Sänger in die Arme nahm
Und in der Eltern Wohnung brachte,
Wo Vater Paul die Zeitung las
Und Marthe nun mit Kunigunden saß
Und zu dem Fest Entwürfe dachte;
Wo man sodann bei einem vollen Glas
Das Abendbrod vertraulich aß
Und später als gewöhnlich wachte
Und in der Freude manchen Spaß
Aus Olim's Zeiten laut belachte.
Der Großknecht rollt, schön angeputzt,
Mit seinem stolzen Schimmelzuge,
Den er gar stattlich aufgestutzt,
Fast alle Wochen wie im Fluge
Das junge Pärchen nach der Stadt,
Wo es jetzt stets, und zwar mit gutem Fuge,
Gewaltig viel Geschäfte hat;
Und alle kranken Städter sahn
Den schönen Aufzug neidisch an.

Auf diese Weise war gemach
Viel von der schönen Zeit verschwunden,
Die Vieles gab und mehr versprach,
Als Werner in den Abendstunden
Den Freitag einst ganz still zum Pfarrer trat

Und um die Aufgebote bat,
So heimlich, daß der Pfarrer nur
Und Niemand sonst, um gleich den jungen Leuten
Stracks vor der Hand es anzudeuten,
Von der Bestellung was erfuhr.
Nichts glich dem angenehmen Schrecken,
Als Habermann von seinem großen Brief
Sie Sonntags von der Kanzel rief.
Das war ein Wort, die Weiber aufzuwecken,
Die flüsternd nun die Köpfe strecken;
Und Alles, was noch die Minute schlief,
War wach und murmelte und lief
Mit großen Augen durch die Ecken,
Die jungen Leutchen zu entdecken,
Und links und rechts, gerad und schief,
Die Armen, die schon wie in Gluthen stecken,
Mit ihren Blicken noch zu necken.
Da wünschte mancher Junggeselle,
Ganz leise hier, und dort wol laut,
Sich an des armen Anton's Stelle,
Manch Mädchen an den Platz der Braut.

Die Mutter und die Tochter schalten,
Jedoch ganz sanft, wie man wol denken kann,
Daheim den schäkerhaften Alten,
Daß er, der gute böse Mann,
Die Sache so geheim gehalten;
Und Anton trat natürlich der Partei
Der Mutter und der Tochter bei.
»Ei, seht doch!« sagte Paul mit Lachen
Und zog ein schmunzelndes Gesicht,
»Ich dachte damit meine Sachen
Euch gar gewaltig gut zu machen,
Und an dem Ende dankt man nicht.
Bist Du es nicht zufrieden, Kind,
So sag es nur auf alle Fälle;
Denn, siehst Du, dann geh' ich geschwind,
Daß ich es wieder abbestelle.«
Wie in dem sechsten Jahre flog

Das Mädchen in des Vaters Arme,
Und eine Blumenkette zog
Sich von des Hauses ganzem Schwarme
Mit Wünschen um den guten Mann;
Und Nachbar Korn und Der und Jener kamen,
Die Theil am Glück des Hauses nahmen,
Und jeder Augenblick gewann
An reiner, häuslich-schöner Freude;
Und Anton war im Hause schon
Der Mutter Kunigunde Sohn
Und Marthens Tochter Adelaide.

Wir eilen nun mit der Geschichte
Dem Ende zu, das heißt, dem Hochzeittag,
Und zu dem Schluß von dem Gedichte,
Das Manchem schon zu lange spinnen mag.
Allein der Billige sieht ein,
Da wir nun einmal angefangen,
Wenn wir auch nur die Skizze sangen,
Es konnte nicht wohl kürzer sein.

Von jetzt an sah das ganze Haus,
Das war nun so recht Kunigundens Sache,
Zwei Wochen lang halb wie Gemeinewache
Und halb wie Bäckerladen aus,
Und Alles war in Rüstung zu dem Schmaus.
Bebändert capriolten Ritter
Die Gegend durch als Hochzeitbitter
Und luden Gäste bunt und kraus,
Vom Amtmann bis zum Häusler Klaus.
Da jagten Boten sich auf Boten
Und holten, was vergessen war,
Und überlasen ihre Noten,
Um Alles pünktlich auf ein Haar
Zu treffen; da wurd' eingeschroten,
Als gält' es auf ein ganzes Jahr,
Gebacken, daß die Ofen blitzten,
Geschlachtet, daß die Kammern schwitzten,
Mit Emsigkeit und Lärm und Dröhnung,

Und Alles lief hinab, hinan
Und trug und half, als schickte man
Sich wenigstens zur Kaiserkrönung;
Und endlich war der Hochzeittag
Rund für die Gegend Festgelag.

Die ganze Dorfschaft war gebeten,
Und von dem Morgen putzte sich
Schon Jung und Alt, recht feierlich
Und glänzend heut einherzutreten.
Die Wagenburg der Fremden rollte,
Die wenigstens vier Tage lang
In Werner's Hof und an dem Lindengang
In Schmausereien halten sollte.
Quartiere wurden ausgemacht,
Und was das Haus nicht fassen wollte,
Bei guten Nachbarn eingebracht;
Auch Anton's Hütte war zum Feste
Voll naher und voll ferner Gäste.

Schon hörte man im Garten die Musik,
Und rund umher war Alles Leben;
Man sahe schon den Fuß zum Tanze schweben
Und rund umher nur Hochzeitblick;
Das Zeichen wurde schon gegeben,
Und wartend trat das Volk zurück
Und sah das Fest sich aus dem Hause heben.
Man kam in Reih'n, der Zug begann,
Und Alles hielt sich auf den Zehen,
Und auch der allerältste Mann
Sah ihn mit Freude fürbaß gehen
Und sprach, so weit er auch zurück sich sann,
So schön hab' er ihn nie gesehen,
Nie so ein allerliebstes Paar,
Als Adelaid' und Anton war.

Schön wie Auror' im Rosenkleide
Stand Aller Liebling, Adelaide,
Voll Unschuld vor dem Traualtar,

Ihr Kopfputz nur ein Kranz im braunen Haar,
Und Sittsamkeit ihr Brautgeschmeide;
Und Anton Hell an ihrem Arm
Der schönste Mann, auch ohne Gold und Seide.
Die Kirche war ein Bienenschwarm,
Und vor der schönen Augenweide
Ward selbst dem alten Pastor warm;
Und Bakel, der die besten Gänge
Mit Feuer zu dem Brautlied schlug,
Sah nun wol ein, der Junge habe klug
Genug gethan; wem's so gelänge,
Der, meint' er, wäre wol ein Thor,
Wenn er als Schwarzrock von dem Chor
Die Litanei nach Noten sänge.

Nach Hause ging der Zug vertrauter,
Und also fröhlicher und lauter.
Obgleich des Ortes Geistlichkeit
Nebst einigen der Mitgenossen
Zum größern Schmuck der Festlichkeit,
Den Balkentreter eingeschlossen,
Zu Ehren Paul's sich angereiht.
Nun fing man durch drei große Zimmer
Den Abend unter Kerzenschimmer
Das große Mahl zu halten an;
Ein Mahl, das selbst des Amtmanns strenge Gnaden,
Doch oft zu Grafen eingeladen,
Sehr selten nur so köstlich sahn;
Das hinter dem, das uns in platten,
Recht schönen, lieblichen und glatten
Sechsfüßlern jüngst Herr Boß beschrieb,
Wo, was Mercur zusammentrieb,
Die Schmecker Hamburg's auf den Tellern hatten,
Um keinen Deut zurücke blieb.
Wer wissen will, wie herrlich es gewesen,
Mag es bei dem Eutiner lesen.

Die Gäste waren laut und froh,
Vom tiefsten Baß bis zu der höchsten Fistel;

Und selbst die alte Pfingstepistel,
Herr Habermann, sprach launig sein Bonmot
Und scherzte bei dem guten Glase
Zu Nachbar Korn's groteskem Spaße.
Die Tafel klang, es wurde viel gelacht,
Und links und rechts dem schönen Paar zu Ehren,
Die rechts und links fast Niemand sehn und hören,
Des Tags Gesundheit ausgebracht;
Und Korn, der Schulz, begann sein Glas zu leeren
Und trank ganz leise: »Gute Nacht!«
Die Sittenrichter nicht zu stören.
Am Ende kam in voller Pracht,
Bunt wie der schönste Regenbogen,
Ein Hochzeitcarmen angezogen,
Sehr schön gedruckt und toll genug gemacht.

Paul Werner stahl sich von dem Tische
Zu andern Gästen vor der Thür
Und sah und hieß willkommen hier
In buntem, wimmelndem Gemische
Ein Häufchen Volk wie Peter's Fische,
Hieß in den Garten Brod und Fleisch und Bier
Und Kuchen ganze Lasten senden,
Um Jedermann, der heute kam
Und Theil an seiner Freude nahm,
Mit willigen und vollen Händen
Von seinem Segen auszuspenden.
»Heut,« sprach der alte Mann ganz weich,
»Heut sind mit mir die Armen alle reich:
Man soll durchaus mit keinem Dinge geizen;
Ich will, daß Alles essen soll!
Die Ställe sind von Schlachtvieh voll,
Und auf dem Boden lieget Weizen.
Heut ist des Hauses Ehrentag;
Der Himmel wird uns mehr bescheren,
Wenn wir die Armen singen lehren;
Drum komme, wer nur kommen mag!
Ich will und werde heut und morgen
Die Gegend rund umher versorgen.«

Wie man getanzt bis spät nach Mitternacht,
Und wie man unter Hymenäen
Nach Sitt' und Art die Braut hinweggebracht,
Und was sodann den andern Tag geschehen,
Das können wir nun übergehen;
Ein Jeder hat das leicht sich selbst gedacht,
Und wer nichts weiß von solchen Dingen,
Dem darf man auch davon nicht singen.

Freund Anton Hell und Adelaide
Sind lange nun das allerliebste Paar,
Das glücklichste, das je im Lande war;
Und Jedermann hat seine Freude,
Der mit dem Gruß vorüberzieht
Und in dem Lindengange Beide,
Ein schönes Bild der ersten Unschuld, sieht,
Und wie in seinen alten Jahren
Sich Vater Werner glücklich fühlt,
Die schöne Zeit noch zu erfahren,
Wo jauchzend nun in seinen Haaren
Der Tochter kleiner Bube wühlt.

 tredition®

Über tredition

Eigenes Buch veröffentlichen

tredition wurde 2006 in Hamburg gegründet und hat seither mehrere tausend Buchtitel veröffentlicht. Autoren veröffentlichen in wenigen leichten Schritten gedruckte Bücher, e-Books und audio-Books. tredition hat das Ziel, die beste und fairste Veröffentlichungsmöglichkeit für Autoren zu bieten.

tredition wurde mit der Erkenntnis gegründet, dass nur etwa jedes 200. bei Verlagen eingereichte Manuskript veröffentlicht wird. Dabei hat jedes Buch seinen Markt, also seine Leser. tredition sorgt dafür, dass für jedes Buch die Leserschaft auch erreicht wird.

Im einzigartigen Literatur-Netzwerk von tredition bieten zahlreiche Literatur-Partner (das sind Lektoren, Übersetzer, Hörbuchsprecher und Illustratoren) ihre Dienstleistung an, um Manuskripte zu verbessern oder die Vielfalt zu erhöhen. Autoren vereinbaren direkt mit den Literatur-Partnern die Konditionen ihrer Zusammenarbeit und partizipieren gemeinsam am Erfolg des Buches.

Das gesamte Verlagsprogramm von tredition ist bei allen stationären Buchhandlungen und Online-Buchhändlern wie z. B. Amazon erhältlich. e-Books stehen bei den führenden Online-Portalen (z. B. iBookstore von Apple oder Kindle von Amazon) zum Verkauf.

Einfach leicht ein Buch veröffentlichen: **www.tredition.de**

Eigene Buchreihe oder eigenen Verlag gründen

Seit 2009 bietet tredition sein Verlagskonzept auch als sogenanntes "White-Label" an. Das bedeutet, dass andere Unternehmen, Institutionen und Personen risikofrei und unkompliziert selbst zum Herausgeber von Büchern und Buchreihen unter eigener Marke werden können. tredition übernimmt dabei das komplette Herstellungs- und Distributionsrisiko.

Zahlreiche Zeitschriften-, Zeitungs- und Buchverlage, Universitäten, Forschungseinrichtungen u.v.m. nutzen diese Dienstleistung von tredition, um unter eigener Marke ohne Risiko Bücher zu verlegen.

Alle Informationen im Internet: **www.tredition.de/fuer-verlage**

tredition wurde mit mehreren Innovationspreisen ausgezeichnet, u. a. mit dem Webfuture Award und dem Innovationspreis der Buch Digitale.

tredition ist Mitglied im Börsenverein des Deutschen Buchhandels.

Dieses Werk elektronisch lesen

Dieses Werk ist Teil der Gutenberg-DE Edition DVD. Diese enthält das komplette Archiv des Projekt Gutenberg-DE. Die DVD ist im Internet erhältlich auf **http://gutenbergshop.abc.de**

MIX

Papier | Fördert
gute Waldnutzung

FSC® C083411

Zeitfracht Medien GmbH
Ferdinand-Jühlke-Straße 7
99095 Erfurt, Deutschland
produktsicherheit@kolibri360.de